Veo, veo en el museo

Veo, veo en el museo

Judith Cressy

Cubierta: Kunsthistorisches Museum, GG. Nº de inventario 1017; contraportada: regalo de Frederic H. Hatch, 1926 26.97; portadilla: The Edward W.C. Arnold Collection of New York Prints, Maps and Pictures, cedido por Edward W.C. Arnold, 1954 54.90.1969; páginas 6-7: The Friedsam Collection, donado por Michael Friedsam, 1931 32.100.69; páginas 8-9: Alte Pinakothek, Munich / ARTOTHEK; páginas 10-11: © The Estate of L.S. Lowry, 2007, reproducido con la autorización de Carol Lowry; página 12: Rogers Fund, 1923 23.2.84; página 13: gentileza del J. Paul Getty Museum 85.PB.117; páginas 14-15: donado por Jeffrey Paley, 1974 1974.221; páginas 16-17: fotografía de Arnandet; Imagen © Réunion des Musées Nationaux / Art Resource, N.Y. INV 2898 ARTI62023; páginas 18-19: donado por The Dillon Fund, 1988 1988.350 a-d; página 20: donado por Edward C. Moore Jr., 1928 28.63.3; páginas 22-23: © Board of Trustees, National Gallery of Art, Washington D.C., fotografía de Lyle Peterzell; Samuel H. Kress Collection 1952.2.19; páginas 24-25: fotografía de Antonio Quattrone; páginas 26-27: Kunsthistorisches Museum, Viena, GG Nº de inventario 1017; páginas 28-29: Imagen © Réunion des Musées Nationaux / Art Resource, N.Y. INV 3699 ART147623; página 30: © Artists Rights Society (ARS) New York / VEGAP, Madrid, fotografía de David Heald; cedido por Royal S. Marks en recuerdo de Gertrude Marks y de Herbert E. Gower Jr., 1987 88.3568; página 31: Edith C. Blum Fund, 1986 1986.108; páginas 32.33: National Gallery, Londres, NG846 comprado con la Peel Collection, 1871; páginas 34-35: donado por la esposa de Vincent Astor, 1978 1978.493
Todos los derechos reservados.

Título original: *Can you find it, too?*
Dirección editorial: María Castillo
Coordinación editorial: Teresa Tellechea
Traducción del inglés: Teresa Tellechea
© The Metropolitan Museum of Art, 2004
© Ediciones SM, 2007 – Impresores, 15 –Urbanización Prado del Espino–
28660 Boadilla del Monte (Madrid)
Centro Integral de Atención al Cliente
Tel: 902 12 13 23
Fax: 902 24 12 22
clientes@grupo-sm.com
ISBN: 978-84-675-1928-0
Impreso en China / *Printed in China*

En este cuadro
de un hotel
busca

12
ruedas amarillas

6
casas de pájaro

2
mujeres con falda roja

1
hombre en un árbol

1
sombrero con una cinta larga y negra

1
bandera con 11 estrellas

2
carruajes y caballo sin cocheros

2
faroles colgantes

El Claremont (detalle)
Artista estadounidense desconocido,
en torno a 1855
Óleo sobre lienzo
The Metropolitan Museum of Art, Nueva York

Empezamos a jugar al Veo, veo en las salas del Metropolitan Museum of Art, mirando los cuadros y descubriendo detalles que antes nunca habíamos visto. Es un juego enriquecedor, en parte por lo divertido que es ir descubriendo cosas nuevas, pero sobre todo, porque, a través del proceso de mirar, se aprende mucho de las pinturas. Es sorprendente lo que se puede encontrar en un cuadro cuando se mira con atención.

En este libro hay una selección de cuadros del Metropolitan Museum of Art y de varios museos de EE. UU. y Europa: el J. Paul Getty Museum de Los Angeles, el Solomon R. Guggenheim de Nueva York, la National Gallery of Art de Washington D.C., la Alte Pinakothek de Munich, el Kunsthistorisches Museum de Viena, la National Gallery de Londres, la Arts Council Collection de Londres, el Museo del Louvre de París, el Museo Medici-Riccardi de Florencia y el Museo del Prado de Madrid.

Cuando juegues al Veo, veo, descubrirás muchas sorpresas en cada cuadro. Puedes jugar a él con este libro o cada vez que visites un museo.
Las reglas son sencillas: busca los detalles que puedas contar y propón a alguien que los encuentre. La diversión está en la mirada.

—Judith Cressy

5

En este cuadro de

La historia de José

veo, veo…

6

dromedarios

1

rebaño de vacas

2

querubines

1

sombrero rojo

4

barcos

1

gavilla de trigo

1

una cabeza de león en un hombro

1

mujer

La historia de José (detalle)
Antonio di Biagio, pintor florentino
Activo desde 1472, falleció en 1516
Panel de un *cassone*; témpera sobre madera
The Metropolitan Museum of Art, Nueva York

GVSEPPO

GVSEPPO   FARAGON

SONG'O · DI FARAGONE

7

En este cuadro con

muchas escenas

veo, veo…

1

nido con pajaritos

1

reloj de arena

1

pavo real

1

mar tormentoso

2

puercoespines

1

pájaro con su pico en una botella

y

cartas de juego

y

la firma del artista hecha con gusanos

Los cuatro continentes: Europa
Jan Van Kessel, pintor flamenco, 1626-1679
Pintura en 17 paneles, óleo sobre bronce
Alte Pinakothek, Munich

En este cuadro de

una playa

veo, veo...

4

cochecitos de bebé

2

paraguas abiertos

1

pala en una mano

2

niños tumbados boca arriba

1

perro con correa

1

trío de ciclistas

1

poste indicador

2

niños en lo alto de un montón
de arena

July, the Seaside
L.S. Lowry, pintor británico, 1887-1976
Óleo sobre lienzo
Arts Council Collection, Hayward Gallery, Londres

En esta pintura del

Antiguo Egipto

veo, veo…

1

liebre

3

cobras

1

halcón

4

barbas

10

orejas

7

manos

22

ojos

30

pies

Horemhab ofreciendo vino a Anubis
Artista egipicio desconocido
Dinastía 18, entre 1323-1295 a.C.
Facsímil en acuarela de Lancelot Crane
The Metropolitan Museum of Art, Nueva York

En este cuadro de **astrónomos** veo, veo…

1
cabeza de toro

2
personas escribiendo

2
pies amarillos

2
mujeres aladas

4
personas señalando al cielo

1
puente

2
antorchas de piedra

3
obeliscos

Dionisio el Areopagita convirtiendo a los filósofos paganos
Antoine Caron, pintor francés, 1520-1600
Óleo sobre madera
The J. Paul Getty Museum, Los Angeles

En esta pintura de

India

veo, veo…

1

caballo musical

3

sortijas

1

flor de loto

1

buey

1

llama

1

ojo dorado

3

bigotes

3

tamborileros

Vishnu como Varaha, el Jabalí cósmico, mata a un demonio
Artista indio desconocido, colinas de Punjab, Guler, en torno a 1800
Probablemente provenga de un manuscrito del Mahabharata,
Tinta y color en papel
The Metropolitan Museum of Art, Nueva York

En esta pintura de

un desfile triunfal

veo, veo...

1

buey dorado

6

serpientes

2

cabezas de cabra

1

herradura

8

cascabeles

4

alas

1

lira

1

aro dorado

**La entrada de Alejandro en Babilonia
o El triunfo de Alejandro** (detalle)
Charles Le Brun, pintor francés, 1619-1690
Óleo sobre lienzo
Museo del Louvre, París

En esta pintura de
una ciudad china
veo, veo...

1

hombre calzándose

1

mujer con un niño

1

barba blanca

1

hombre llevando una
rama con flores

3

teteras

1

pez

4

caballos

1

silla naranja

**El recorrido de inspección
del emperador Qianlong,
sexto pergamino: Entrando en Suzhou a lo
largo del Gran Canal** (detalle)
Xu Yang, activo desde en torno a 1750 hasta
después de 1776
Pergamino: tinta y color en seda
The Metropolitan Museum of Art, Nueva York

En esta pintura de
una batalla india
veo, veo…

2

tambores

2

elefantes

17

caballos

2

coronas doradas

9

escudos

3

hombres con arcos

1

bota verde

4

lanzas

Krishna y Balarama luchan contra el enemigo
Artista desconocido, India, periodo Mogol,
en torno a 1590-1595
Hoja de un manuscrito disperso del
Harivamsa (La leyenda de Hari (Krishna);
Tinta, color y oro en papel
The Metropolitan Museum of Art, Nueva York

En esta pintura de
**gente
rodeando
un carro de heno**
veo, veo…

2

peces

1

pluma de pavo real

4

bebés

2

escaleras

1

búho

5

jarras

1

corazón

1

hombre con ramas

El carro de heno o El camino de la vida
Hieronymus Bosch "El Bosco"
Pintor holandés, 1450-1516
Panel central de un tríptico; óleo sobre madera
Museo del Prado, Madrid

En esta pintura de

un paisaje fantástico

veo, veo…

1

búho

1

llave

6

peces

1

embudo

2

barcas

1

guitarra

2

campanas

1

hombre ardiendo

La tentación de san Antonio
Discípulo de Pieter Bruegel "el Viejo",
pintor holandés, en torno a 1525-1569
Óleo sobre madera
National Gallery of Art, Washington D.C.

En esta pintura de

un gran desfile

veo, veo…

5

perros

1

gorro en una mano

8

pájaros

1

par de medias: una blanca y una roja

1

conejo

1

estrella dorada

1

sombrero con texto bordado

9

hombres con bigote

Desfile del joven rey
Benozzo Gozzoli (Benozzo di Lese di Sandro),
Pintor florentino, 1420-1497
Témpera sobre escayola
Palacio Medici-Riccardi, Florencia

En esta pintura de

niños jugando

veo, veo…

1

máscara

1

flauta de madera

2

bolsos rojos

2

niños con zancos

1

casa de pájaro

2

sombreros con forma de cono

1

cesta de flores

1

mujer haciendo equilibrios
con una escoba

Niños jugando o **Juegos infantiles** (detalle)
Pieter Bruegel "el Viejo",
pintor holandés, en torno a 1525-1569
Óleo sobre madera
Kunsthistorisches Museum, Viena

En esta pintura de

una coronación

veo, veo…

1

mano sin brazo

2

barbas

1

jarra dorada

1

niño con un sombrero

1

águila dorada

5

cabezas aladas

1

ángel

1

mano apoyada en una espada

**Coronación de Napoléon y Josefina
en Nôtre Dame el 2 de diciembre de 1804** (detalle)
Jacques-Louis David, pintor francés, 1748-1825
Óleo sobre lienzo
Museo del Louvre, París

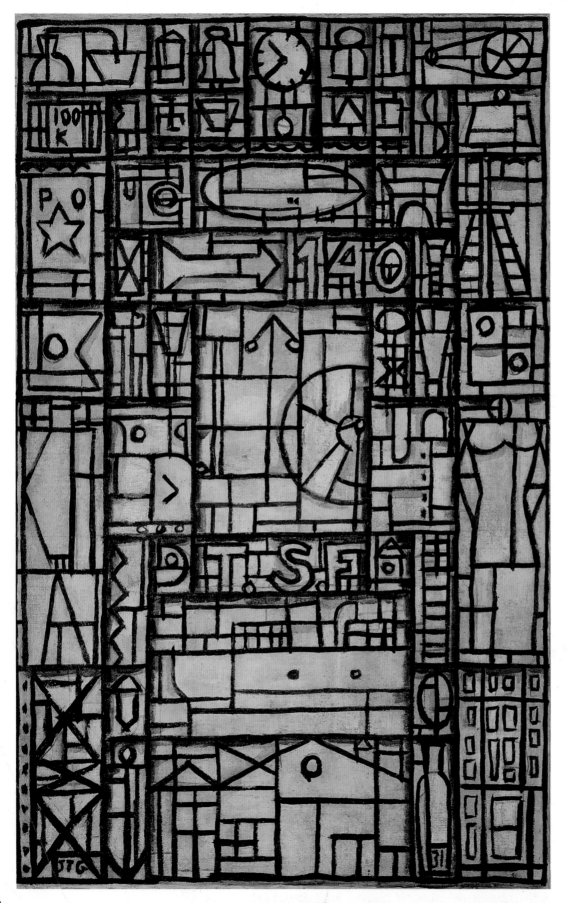

En esta pintura de

una ciudad plana

veo, veo…

1

estrella

1

reloj

1

casa

1

edificio de apartamentos

1

flecha

1

dirigible

1

polea

y

el número 140

Composición constructiva
Joaquín Torres-García, artista uruguayo,
1874-1949
Óleo sobre lienzo
Solomon R. Guggenheim Museum, Nueva York

En esta pintura de
un ceramista trabajando
veo, veo…

1

esponja

1

embudo

9

jarras

1

trozo de cinta adhesiva

1

cuaderno con hojas sueltas

1

bote de spray

1

bote con pinceles

y

el número 129

Jeff Kleckner trabajando
Dana van Horn, pintora estadounidense
nacida en 1950
Óleo sobre lienzo
The Metropolitan Museum of Art, Nueva York

En esta pintura de

un alquimista trabajando

veo, veo…

1

gafas

1

reloj de arena

4

embudos

1

taladro

1

plato roto

1

nota escrita a mano

2

cestas

y

la firma del artista

Un alquimista (detalle)
Adriaen van Ostade, pintor holandés, 1610-1685
Óleo sobre madera
National Gallery, Londres

En esta pintura de
un puerto francés
veo, veo…

5

perros

3

banderas

1

gran pájaro blanco

1

hombre descalzo

2

anclas

1

funda de guitarra

1

fuente de agua

y

el número 40

El puerto de Brest (detalle)
Louis-Nicolas van Blarenberghe, pintor francés, 1716-1794
Óleo sobre lienzo
The Metropolitan Museum of Art, Nueva York

cuadro de un hotel portadilla

- 12 ruedas amarillas
- 6 casas de pájaro
- 2 mujeres con falda roja
- 1 hombre en un árbol
- 1 sombrero con una cinta larga y negra
- 1 bandera con 11 estrellas
- 2 carruajes y caballo sin cocheros
- 2 faroles colgantes

El Claremont, artista desconocido

Se cree que este cuadro lo pintó un artista itinerante y autodidacta en torno a 1855, en agradecimiento a la hospitalidad que recibió en el Claremont. El gran edificio rojo fue una vivienda privada antes de convertirse en una popular posada y restaurante a mediados del siglo XIX. Aunque el edificio ya no existe, estaba situado justo a las afueras de la ciudad de Nueva York y debía de tener unas vistas espectaculares al río Hudson.

The Metropolitan Museum of Art, Nueva York

la historia de José páginas 6-7

- 6 dromedarios
- 1 rebaño de vacas
- 2 querubines
- 1 sombrero rojo
- 4 barcos
- 1 gavilla de trigo
- 1 una cabeza de león en un hombro
- 1 mujer

La historia de José, Antonio di Biagio

En la Italia renacentista, el baúl de madera tradicional para guardar cosas, el *cassone*, se decoraba con escenas coloristas. Este panel de un *cassone* describe la historia de José del Libro del Génesis. En el extremo derecho, el faraón sueña con los años venideros de abundancia y hambrunas. A la izquierda, José interpreta el sueño del faraón y este le da su anillo. En el edificio del fondo José está reunido con sus hermanos.

The Metropolitan Museum of Art, Nueva York

muchas escenas páginas 8-9

- 1 nido con pajaritos
- 1 reloj de arena
- 1 pavo real
- 1 mar tormentoso
- 2 puercoespines
- 1 pájaro con su pico en una botella
- cartas de juego
- la firma del artista hecha con gusanos

Los cuatro continentes: Europa, Jan Van Kessel

Jan van Kessel compartía con su abuelo, Jan Bruegel "el Viejo", el amor por la descripción detallada de la naturaleza. La mayoría de las pinturas de van Kessel son pequeñas y se realizaron en hojas de cobre, una superficie perfectamente lisa. En su serie de los cuatro continentes, el artista rodeó el panel central con dieciséis vistas intimistas. Cada una de ellas lleva una etiqueta con el nombre de la ciudad que representa.

Alte Pinakothek, Munich

cuadro de una playa páginas 10-11

- 4 cochecitos de bebé
- 2 paraguas abiertos
- 1 pala en una mano
- 2 niños tumbados boca arriba
- 1 perro con correa
- 1 trío de ciclistas
- 1 poste indicador
- 2 niños en lo alto de un montón de arena

July, the Seaside, L. S. Lowry

L.S. Lowry vivió cerca de Manchester durante la mayor parte de su vida y estudió pintura en su tiempo libre. Dibujaba escenas de la gente local en un bloc de bolsillo y, por las noches, pintaba en su estudio. Aunque su carrera artística comenzó a despegar tras su primera exposición en Londres en 1939, siguió trabajando a tiempo parcial como recaudador de impuestos y seguros hasta los sesenta y cinco años. Son famosas sus figuras estilizadas que representan a personas en su vida cotidiana. Recibió el honor de ser nombrado académico de la Royal Academy por su obra de una vida.

Arts Council Collection, Hayward Gallery, Londres

antiguo Egipto página 12

- 1 liebre
- 3 cobras
- 1 halcón
- 4 barbas
- 10 orejas
- 7 manos
- 22 ojos
- 30 pies

Horémhab ofreciendo vino a Anubis,
Artista egipicio desconocido

En el Antiguo Egipto, Anubis, el dios con cabeza de chacal, era el dios de los muertos y el guardián de las momias durante la noche. Anubis también dirigía la ceremonia de peso del corazón, que determinaba el destino del fallecido. En esta pintura de la tumba del rey Horemhab, este le hace una ofrenda a Anubis. Horemhab fue el último rey de la poderosa dinastía 18, tras Akenatón y Tutankamón.

The Metropolitan Museum of Art, Nueva York

astrónomos página 13

- 1 cabeza de toro
- 2 personas escribiendo
- 2 pies amarillos
- 2 mujeres aladas
- 4 personas señalando al cielo
- 1 puente
- 2 antorchas de piedra
- 3 obeliscos

Dionisio el Areopagita convirtiendo a los filósofos paganos, Antoine Caron

El tema de esta pintura es un dramático eclipse solar que tuvo lugar en mayo de 1571. Caron pintó este cuadro en la corte de Catalina de Medici, reina de Francia por su matrimonio con Francisco I. En aquella época se veín los eclipses y las catástrofes naturales como presagios.

La figura central del cuadro, Dionisio el Areopagita apunta al cielo, donde tiene lugar un eclipse solar.

The J. Paul Getty Museum, Los Angeles

India páginas 14-15

- 1 caballo musical
- 3 sortijas
- 1 flor de loto
- 1 buey
- 1 llama
- 1 ojo dorado
- 3 bigotes
- 3 tamborileros

Vishnu como Varaha, el Jabalí cósmico, mata a un demonio,
Artista indio desconocido

Para realizar su papel de protector del universo, el dios hindú Vishnu se reencarnaba en diferentes seres, siendo uno de ellos Varaha, un jabalí blanco. Como Varaha, Vishnu salvó al mundo de un demonio que quería arrastrar la tierra al fondo del océano. El dios aparece a menudo representado montado sobre Garuda, el pájaro solar. Vishnu tiene cuatro brazos y suele llevar una concha, un loto y un disco con el que cortó la cabeza del demonio

The Metropolitan Museum of Art, Nueva York

desfile triunfal páginas 16-17

- 1 buey dorado
- 6 serpientes
- 2 cabezas de cabra
- 1 herradura
- 8 cascabeles
- 4 alas
- 1 lira
- 1 aro dorado

La entrada de Alejandro en Babilonia o **El triunfo de Alejandro,**
Charles Le Brun

Charles Le Brun fue el pintor más importante del reinado de Luis XIV. Es muy conocido por sus murales en el vestíbulo de los Espejos del palacio de Versalles.

Este fue el primero de cuatro óleos monumentales que Le Brun dedicó a Alejandro Magno. En él, se muestra a Alejandro Magno conduciendo su carro tirado por un elefante durante su marcha triunfal en la ciudad de Babilonia en el 331 a.C.

Museo del Louvre, París

una ciudad china páginas 18-19

- 1 hombre calzándose
- 1 mujer con un niño
- 1 barba blanca
- 1 hombre llevando una rama con flores
- 3 teteras
- 1 pez
- 4 caballos
- 1 silla naranja

El recorrido de inspección del emperador Qianlong, sexto pergamino: Entrando en Suzhou a lo largo del Gran Canal (detalle); Xu Yang

Este detalle de un pergamino muestra una vista de la ciudad de Suzhou. Contiene una información enciclopédica de la vida cotidiana de la China del siglo XVIII, completada con descripciones detalladas de los comercios, residencias y habitantes de esa ciudad fabulada. Xu Yang, el pintor, llevaba doce años siendo artista de la corte del emperador Qianlong, donde comenzó la serie de pergaminos del recorrido de inspección del emperador, que completó en 1770, con ocasión del sesenta cumpleaños de Qianlong.

The Metropolitan Museum of Art, Nueva York

una batalla india página 20

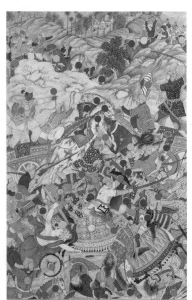

- 2 tambores
- 2 elefantes
- 17 caballos
- 2 coronas doradas
- 9 escudos
- 3 hombres con arcos
- 1 bota verde
- 4 lanzas

Krishna y Balarama luchan contra el enemigo, artista desconocido

Al emperador mogol Akbar, que reinó entre 1556 y 1605, le fascinaba la religión. Durante su reinado se tradujeron epopeyas hindúes a la lengua persa de la corte y se ilustraron en sus talleres. Esta pintura es una página del *Harivamsa (La leyenda de Hari (Krishna)*. Krishna, con piel azul, aparece representado sobre un carro de combate lanzando una flecha al enemigo; su hermano Balarama, vestido de azul, lleva una corona en la frente y lucha con un arado.

The Metropolitan Museum of Art, Nueva York

gente rodeando un carro de heno página 21

- 2 peces
- 1 pluma de pavo real
- 4 bebés
- 2 escaleras
- 1 búho
- 5 jarras
- 1 corazón
- 1 hombre con ramas

El carro de heno o El camino de la vida,
Hieronymus Bosch "El Bosco"

"El Bosco" nació en el seno de una familia de artistas y desarrolló un estilo imaginativo totalmente diferente del de los pintores de su época.

Sus obras a menudo muestran temas religiosos o morales. Esta pintura, que es el panel central de un tríptico, muestras a la gente alcanzando y agarrándose a su cuota de heno. Unos demonios tiran del carro, lo que da a la obra un sentido siniestro.

Museo del Prado, Madrid

un paisaje fantástico páginas 22-23

- 1 búho
- 1 llave
- 6 peces
- 1 embudo
- 2 barcas
- 1 guitarra
- 2 campanas
- 1 hombre ardiendo

La tentación de san Antonio, discípulo de Pieter Bruegel "el Viejo"

Pieter Bruegel, uno de los más importantes pintores de mediados del siglo XVI, es conocido por su maestría a la hora de representar paisajes. Esta escena fue pintada por uno de sus discípulos pero usa elementos de los paisajes de Bruegel (por ejemplo, el río). Por otro lado, los demonios fantásticos recuerdan a la obra de "El Bosco", el otro gran pintor holandés del siglo XVI.

National Gallery of Art, Washington D.C.

un gran desfile páginas 24-25

- 5 perros
- 1 gorro en mano
- 8 pájaros
- 1 par de medias: una blanca y una roja
- 1 conejo
- 1 estrella dorada
- 1 sombrero con texto bordado
- 9 hombres con bigote

Desfile del joven rey, Benozzo Gozzoli

El encargo más importante que recibió Benozzo Gozzoli durante su larga carrera fue el de pintar la capilla del Palacio Medici, la familia más poderosa de la Florencia renacentista. El tema de los murales es el viaje de los Magos; una cabalgata con gran número de figuras enmarcadas en un paisaje fantástico. Se pintó para celebrar el Concilio celebrado en Florencia, en 1439, en Santa María Novella. En él, Gozzoli representó con gran suntuosidad y boato a varios miembros de la familia Medici, a su maestro, Fra Angelico (su otro maestro fue Ghiberti), e incluso se autorretrató.

Palacio Medici-Riccardi, Florencia

niños jugando páginas 26-27

- 1 máscara
- 1 flauta de madera
- 2 bolsos rojos
- 2 niños con zancos
- 1 casa de pájaro
- 2 sombreros con forma de cono
- 1 cesta de flores
- 1 mujer haciendo equilibrios con una escoba

Niños jugando o **Juegos infantiles**, Pieter Bruegel "el Viejo",

A este artista se le llama Pieter "el Viejo" porque su hijo Pieter tambén fue pintor. Bruegel es uno de los mejores pintores de la historia y un gran observador de la gente corriente y la vida campesina, por lo que pintó magníficas escenas cotidianas con una gran expresividad y comprensión. En este cuadro representa con gran detalle a doscientos treinta niños realizando noventa juegos diferentes.

Kunsthistorisches Museum, Viena

una coronación páginas 28-29

- 1 mano sin brazo
- 2 barbas
- 1 jarra dorada
- 1 niño con sombrero
- 1 águila dorada
- 5 cabezas aladas
- 1 ángel
- 1 mano apoyada en una espada

Coronación de Napoléon y Josefina en Nôtre Dame el 2 de diciembre de 1804, Jacques-Louis David

David era el pintor oficial de la corte en 1804, por lo que se le encargó que conmemorara las festividades de la coronación de Napoleón como emperador. Este óleo describe el momento en que Napoleón y su esposa Josefina fueron coronados emperadores con la bendición del Papa Pío VII.

Museo del Louvre, París

una ciudad plana página 30

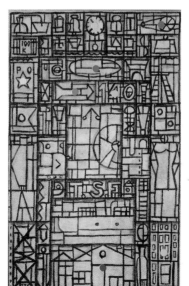

- 1 estrella
- 1 reloj
- 1 casa
- 1 edificio de apartamentos
- 1 flecha
- 1 dirigible
- 1 polea
- y el número 140

Composición constructiva, Joaquín Torres-García

Joaquín Torres-García nació en Montevideo pero en 1891 su familia se trasladó a España y se asentó en Barcelona, donde él estudiaría arte y formaría parte del mismo círculo artístico que el joven Pablo Picasso. Durante una estancia de dos años en Nueva York a principios de los años 20 del siglo pasado, Torres-García realizó paisajes de ciudades en un estilo plano y geométrico. Pocos años después se fue a vivir a París, donde desarrolló su propio estilo de pintura constructivista. Volvió a Montevideo en 1934.

Solomon R. Guggenheim Museum, Nueva York

un ceramista trabajando página 31

- 1 esponja
- 1 embudo
- **9 jarras**
- 1 trozo de cinta adhesiva
- 1 cuaderno con hojas sueltas
- 1 bote de spray
- 1 bote con pinceles
- el número 129

Jeff Kleckner trabajando, Dana van Horn

Dana van Horn es pintora y profesora y está especializada en la figura humana. Sus temas van desde amigos artistas, como Jeff Kleckner, a surfistas, pasando por líderes políticos. Sus pinturas, de gran tamaño, versan sobre muchos temas, desde murales religiosos para iglesias hasta retratos para organismos oficiales de EE. UU.. Da clases en el Muhlenberg College y en la Baum School of Art, en Pensilvania.

The Metropolitan Museum of Art, Nueva York

un alquimista trabajando páginas 32-33

- 1 gafas
- 1 reloj de arena
- **4 embudos**
- 1 taladro
- 1 plato roto
- 1 nota manuscrita
- **2 cestas**
- la firma del artista

Un alquimista, Adriaen van Ostade

La creencia de que los alquimistas podían transformar cualquier metal en metales nobles como la plata y el oro, duró hasta el siglo XVIII.
El trozo de papel al lado del taburete tiene la siguiente inscripción en latín: *oleum et operam perdis* (malgasto aceite y trabajo). A los alquimistas se les acusaba a menudo de perder todas sus posesiones materiales por sus inútiles búsquedas, como sugiere el desorden de la habitación.

National Gallery, Londres

un puerto francés páginas 34-35

- 5 perros
- 3 banderas
- **1 gran pájaro blanco**
- 1 hombre descalzo
- 2 anclas
- 1 funda de guitar
- 1 fuente de agua
- el número 40

El puerto de Brest, Louis-Nicolas van Blarenberghe

Al igual que su padre, Jacques-Wilhelm van Blarenberghe (en torno a 1679-1742), Louis-Nicolas tenía una gran reputación como pintor de batallas. En 1773 comenzó a pintar. Fue nombrado pintor del Ministerio de Marina de Francia y realizó varias vistas del puerto de Brest. Fue un maestro de la representación de escenas llenas de gente y detalles, como demuestra este óleo, rebosante de la energía de un puerto importante del siglo XVIII.

The Metropolitan Museum of Art, Nueva York

una gran familia contraportada

- 1 pala
- 1 corona de flor
- **3 estatuas**
- 1 puzle
- **2 cabezas de leó**
- 1 trompeta
- 1 vestido sin muñeca
- 1 caballo

La familia Hatch, Eastman Johnson

Este retrato de familia pintado en 1871 muestra a tres generaciones de una familia estadounidense durante el periodo victoriano, en la biblioteca de su lujosa casa de Park Avenue, en Nueva York. El retrato de Eastman Johnson forma parte de la tradición de la "Conversation piece", un retrato de grupo que es también un retrato de género.

The Metropolitan Museum of Art, Nueva York